F

(a)

MÉMOIRE

LU A L'ACADÉMIE ROYALE DE MÉDECINE,

DANS SA SÉANCE DU 9 AVRIL 1844,

SUR LE PROJET DE LOI

DES BREVETS D'INVENTION,

PAR M. ADELON,

Professeur de médecine légale à la Faculté de Paris.

PARIS,

IMPRIMERIE DE BOURGOGNE ET MARTINET,

RUE JACOB, 30.

1844.

MÉMOIRE

Lu à l'Académie royale de médecine, dans sa séance du 9 avril 1844, par M. ADELON, professeur de médecine légale à la Faculté de Paris, sur le projet de loi des brevets d'invention.

Messieurs, un de nos honorables collègues, M. Caventou, professeur à l'École de pharmacie de Paris, vient d'adresser à la Chambre des députés une brochure intitulée : *Réflexions sur l'article 3 du titre I du Projet de loi sur les brevets d'invention.* J'ai lu cette brochure avec toute l'attention que réclamait le point important de police médicale dont elle traite, et que je devais d'ailleurs au travail d'un collègue dont j'aime la personne, et dont j'estime le caractère et le talent. Dans cette brochure, M. Caventou combat une opinion qu'a plusieurs fois manifestée l'Académie, savoir : *qu'il ne doit pas être permis de prendre des brevets d'invention pour remèdes.* Il blâme la prohibition qu'a, à cet égard, votée la Chambre des pairs, et il invite la Chambre des députés à ne pas sanctionner cette prohibition. Convaincu que l'Académie a émis sur cette question une opinion sage et réclamée par l'intérêt public, je viens, messieurs, discuter devant vous le travail de M. Caventou, et chercher à prouver par cette discussion que l'Académie doit persister dans la demande qu'elle a faite plusieurs fois, sur ce point de police médicale, à M. le ministre de l'agriculture et du commerce.

L'article 3 du titre I du projet de loi sur les brevets d'invention, qui est le sujet des réflexions de notre collègue, range parmi les matières et objets qui ne seront pas susceptibles d'être brevetés, les *compositions pharmaceutiques ou les remèdes spécifiques.*

C'est contre cette disposition prohibitive que M. Caventou

réclame ; il la qualifie de *violation d'un grand principe d'é-quité publique*, *d'un véritable acte de spoliation*. Il rappelle que l'Assemblée Constituante, à laquelle on doit la loi de 1791 sur les brevets d'invention, a proclamé que tout inventeur a *droit à la jouissance* de son invention ; que cette Assemblée a élevé le *droit d'invention* au même rang que le *droit de propriété*, l'a qualifié de *droit naturel , inaliénable et sacré*.

Avec notre collègue , je reconnais, et tout le monde reconnaîtra, que l'inventeur d'une *composition pharmaceutique*, *d'un remède*, doit, comme l'auteur de toute autre invention, pouvoir *jouir* de sa découverte , et en tirer bénéfice. Mais aussi la loi ne lui dénie pas ce *droit ;* elle déclare seulement que ce n'est pas sous la forme de *brevet d'invention* qu'il l'exercera ; elle dit que le respect de la santé publique lé veut ainsi ; et elle a institué pour les *remèdes* un autre mode de *faire jouir* l'inventeur. Ces reproches de *violation de l'équité* , de *spoliation*, tombent donc, 1° si le *droit* de l'inventeur d'un remède n'est pas méconnu, et nous verrons que la loi le consacre ; 2° si la loi a institué un moyen équitable de satisfaire ce droit, et nous verrons encore que cela est ; 3° enfin , si l'intérêt public ne permettait pas que ce *droit* se satisfît par la forme de *brevet d'invention*, et c'est ce que nous pensons et chercherons à prouver.

C'est là, en effet, qu'est toute la question ; et voyons d'abord comment les auteurs du projet de loi justifient la prohibition écrite ici au préjudice des inventeurs de *compositions pharmaceutiques et de remèdes spécifiques*.

Ils en appellent aux deux raisons que voici :

1° Tout brevet d'invention se délivre *sans examen* et sur la seule demande de celui qui le réclame. Conséquemment ce brevet n'est nullement une *garantie de la vérité et du mérite de l'invention*. Et de là la facilité à tout charlatan de prendre un brevet pour un remède qui n'a rien de nouveau ni d'utile ; d'exploiter , à l'aide de ce brevet qu'on ne peut lui refuser, la crédulité publique ; et d'annoncer et vendre des remèdes ou inutiles, ou nuisibles , et qui n'ont pas été officiellement et légalement expérimentés. Était-il possible , disent les auteurs du projet de loi , de laisser la santé publique exposée à de tels dangers ? Et ne suffit-il pas de cet exposé pour conclure que , non seulement ce n'était pas sous la forme de *brevet d'invention*, que la loi devait assurer à un inventeur de remède la *jouissance* , le bénéfice de son invention; mais que même elle devait prohiber les demandes de brevets d'invention pour remèdes?

» 2° Cette prohibition , nécessitée par le devoir qu'a le législateur de défendre la société contre les piéges tendus à sa crédulité , pouvait d'autant mieux , sans violation d'aucun droit, être écrite dans une loi sur les brevets d'invention , qu'il existe dans nos lois un mode autre que celui du *brevet d'invention*, de faire *jouir* un inventeur de remèdes du bénéfice de son invention. Ce mode, qui n'expose en rien la santé publique, qui concilie les droits de l'inventeur et les intérêts de la société , est celui institué par le *décret du* 18 *août* 1810, sur les remèdes secrets.

» M. Caventou a bien senti que c'était surtout à **réfuter** ces deux motifs des auteurs du projet de loi qu'il devait s'attacher dans son argumentation. Aussi avance-t-il que ces motifs sont plus spécieux que solides; et il leur oppose quatre objections principales , que je vais successivement faire connaître et discuter.

Première objection. La cause *d'utilité publique* , sur laquelle on motive la prohibition du projet de loi , est le désir, le besoin , le devoir *d'extirper le charlatanisme*. Ah ! sans doute, on se soumettrait , dit notre collègue, si par ce moyen le but était atteint. Mais, par le refus de brevets aux compositions pharmaceutiques et aux remèdes spécifiques, on ne tarira pas cette grande plaie ; le brevet n'est pas une enseigne assez efficace pour capter la confiance publique , et les charlatans les plus experts savent bien s'en passer.

On ne peut sans doute espérer d'anéantir toutes manœuvres des charlatans , par cela seul qu'il leur serait interdit de prendre des brevets d'invention pour leurs prétendus remèdes inventés. Mais il n'est pas possible cependant de méconnaître qu'on aurait détruit par là un de leurs principaux moyens d'action. Avec la législation actuelle des brevets d'invention, il est facultatif à chacun de prendre un brevet d'invention pour un remède ; de donner à ce remède un nom qui se rapporte à une maladie commune, et difficilement et longuement curable ; et de faire ainsi un appel à la crédulité publique. Or, comment croire que les charlatans ne feront pas emploi d'un moyen aussi facile, et qui ne leur coûte que l'avance d'un peu d'argent ? Les faits nous donnent ici gain de cause contre notre confrère; des centaines de brevets d'invention sont pris pour remèdes, et pour remèdes sans valeur ; ces remèdes sont annoncés et affichés sous ce titre trompeur ; et avec ces brevets d'invention on exploite la crédulité publique, et on fait, au grand préjudice de la santé publique, une honteuse concurrence à la médecine et à la pharmacie. On élude toutes les lois régulatrices de ces deux professions; et tandis que la loi veut qu'aucun remède ne soit présenté au public que sous la responsabilité du médecin qui le prescrit, ou qu'après avoir été examiné, expérimenté et reconnu bon ; le breveté pour remède se fait, par un brevet d'invention, seul juge dans sa propre cause, et élude la voie que lui a imposée la législation, et qu'il faut le contraindre à suivre. Si le brevet d'invention est si peu utile aux charlatans que notre collègue paraît le croire, pourquoi tant de brevets d'invention sont-ils pris pour remèdes ? Pourquoi les auteurs de ces remèdes déclinent-ils le jugement de leurs pairs, certainement les plus compétents ? Et pourquoi préfèrent-ils exploiter leur invention par le mode d'un brevet d'invention, plutôt que de suivre la voie du décret du 18 août 1810, qui leur assure aussi le bénéfice de leur découverte ? C'est que dans ce dernier mode leur remède est *examiné*, et que presque toujours la fausseté de leur annonce est mise au jour.

La *deuxième objection* de M. Caventou est celle-ci : la législation nouvelle a assez de moyens à opposer au charlatanisme sans qu'il y ait besoin d'instituer ce nouveau moyen de le combattre ; et d'ailleurs le brevet d'invention n'empêche pas l'action des lois répressives des délits dans l'exercice de la pharmacie et de la médecine. Le brevet qualifie d'*inventeur du remède* le concessionnaire, donne à ce concessionnaire un *droit de propriété sur le remède vis-à-vis des tiers;* mais il ne lui donne pas le *droit d'exploitation du remède;* cette exploitation reste soumise aux lois régulatrices de la pharmacie et de la médecine; restent les art. 32 et 36 de la loi du 21 germinal an XI, qui défendent et punissent l'*annonce* et la *vente des remèdes secrets.*

Il me semble que notre collègue se trompe dans l'appréciation qu'il fait ici des droits que donne un brevet d'invention; et qu'en s'efforçant de mettre d'accord ces droits avec les lois régulatrices de la médecine et de la pharmacie, il les altère profondément, et même les annihile entièrement. Sa sagacité a reculé devant l'idée d'un droit absolu concédé par brevet à un remède, et il a compris qu'il fallait donner à ce droit les limitations imposées par les lois sur la médecine et la pharmacie. Mais c'est ce qui ne fait pas la législation des brevets d'invention, comme vous allez le voir; et aussi présenterai-je ce que M. Caventou a écrit ici comme la plus forte preuve que la loi de 1791 des brevets d'invention ne peut s'appliquer aux remèdes sans violation de toutes les lois qui régissent la pharmacie et la médecine, et que par conséquent la prohibition qu'institue le projet de loi est légitime.

Tout brevet d'invention a pour effets de donner au concessionnaire du brevet le droit exclusif de *fabriquer* et *vendre* l'objet breveté, et cela pendant le temps fixé par le brevet. Seulement, comme le brevet a été délivré sans *examen*, sans aucune *garantie* et *responsabilité* de l'autorité qui le délivre, c'est au breveté à faire respecter par les tiers les droits que lui donne son brevet. C'est à lui à appeler devant les tribunaux ceux qui *fabriquent* ou *vendent* l'objet dont son brevet lui assure le monopole; et ceux-ci seront condamnés ou absous, selon que ces tribunaux jugeront l'invention vraie ou fausse, et le brevet légitimement ou illégitimement pris. Les tribunaux, juges suprêmes de toutes les contestations entre les citoyens, prononcent en ce cas sur un fait d'*invention,* comme en d'autres cas ils prononcent sur un *fait de pro-priété.*

Si telle est la position dans laquelle un brevet d'invention place l'inventeur relativement à l'objet breveté, je ne comprends plus, messieurs, la distinction que fait ici notre collègue entre *la propriété* qui serait le seul droit que donnerait le brevet, et *l'exploitation* qui ne serait pas la conséquence forcée du brevet et qui exigerait un autre titre. A-t-on vu jamais un seul concessionnaire de brevet ne pas *annoncer*, ne pas *vendre* l'objet breveté, en vertu de son brevet seulement, et s'abstenir jusqu'à ce qu'il ait renforcé son brevet par un autre titre?

Si M. Caventou a cru qu'il en était ainsi pour les *remèdes brevetés*, c'est qu'il a bien senti que ces remèdes devaient ressortir de la médecine et de la pharmacie, et ne pouvaient pas, par cela seul qu'on aurait pris pour eux des brevets, être mis en dehors des lois qui régissent ces deux professions. Or, que nous disent les lois sur l'exercice de la médecine et de la pharmacie? Que ces deux professions ne sont pas des professions libres; que pour avoir le droit de les exercer, il faut avoir fait des *études*, et avoir satisfait à des *actes de réception*, les uns et les autres déterminés par des lois; que les *pharmaciens* seuls peuvent préparer des remèdes, qu'ils ne peuvent les préparer que d'après les formules magistrales des médecins ou d'après celles du codex; qu'ils ne peuvent en vendre que sur prescription des médecins; qu'il leur est spécialement défendu d'annoncer et de vendre des remèdes secrets; que de leur côté les *médecins* seuls peuvent prescrire des remèdes; et qu'enfin tout inventeur de remèdes, pour arriver à jouir du bénéfice de son invention, devra faire prononcer sur son remède, d'après le mode du décret du 18 août 1810, et demander qu'on applique à son remède les dispositions de ce décret. Voilà les lois de nos professions, telles qu'elles devaient être instituées pour la garantie de la santé publique; et, encore une fois, le bon esprit de notre collègue a reculé devant l'idée qu'un remède serait affranchi de toutes ces lois, par cela qu'on l'aurait appuyé sur la formalité facile et purement fiscale d'un brevet d'invention. Il a mieux aimé dire que le brevet ne donnait que le *droit de propriété;* mais que relativement à *l'exploitation*, on restait sous l'empire des lois de la pharmacie et de la médecine.

Mais veuillez bien remarquer, messieurs, que ce n'est plus ici la loi des brevets qu'applique M. Caventou, mais bien les lois sur la pharmacie et la médecine ; qu'ainsi, il fait ressortir lui-même l'opposition complète qui est entre ces lois, l'impossibilité de les concilier ; qu'il prouve conséquemment l'impossibilité d'appliquer la forme de brevets d'invention aux inventions de remèdes; et qu'ainsi il justifie pleinement la prohibition qui est écrite au projet de loi.

De deux choses l'une. Ou le brevet d'invention ne donne pour tous les objets brevetés qu'un droit *de propriété* et non un droit *d'exploitation* ; et alors tout breveté, après avoir par son brevet acquis le droit de propriété, devra, par une autre action, acquérir le droit d'exploitation; et certes, c'est ce qui n'est pas. Ou cette distinction n'est applicable qu'aux remèdes brevetés ; et alors elle équivaut à proclamer l'inutilité du brevet, et à justifier la disposition prohibitive sur laquelle nous discutons. Si un brevet d'invention pour remèdes laisse entières toutes les prescriptions légales que nous venons de rappeler, et notre collègue reconnaît lui-même que la santé publique exige qu'il en soit ainsi; si tout breveté pour remède ne puise dans son brevet qu'un droit *de propriété*, et non un droit *d'exploitation* ; il sera obligatoire à tout breveté, qui voudra tirer bénéfice de son remède, de ne pas s'en tenir à son brevet, mais de faire établir la nouveauté et le mérite de son remède d'après les formes du décret du 18 août 1810; et alors autant vaut ne pas prendre brevet et s'engager dans les voies de ce décret. Mais ce n'est pas ainsi qu'agissent les concessionnaires de brevets pour remèdes; ils annoncent et vendent tout de suite en vertu de leur brevet; ils ne l'ont pris, en effet, que pour éluder toutes es prescriptions légales imposées aux remèdes ; et si on veut es contraindre à exécuter ces prescriptions, il faut les pour-
 contrairement aux droits que leur donne leur brevet,

et faire prononcer la déchéance de celui-ci. Ceci nous conduit à un autre motif justificatif de la prohibition votée par la Chambre des Pairs.

Non seulement la prohibition du projet de loi a pour avantage de retirer au charlatanisme un de ses grands moyens d'action ; mais elle met la loi des brevets d'invention en harmonie, sur ce point de police médicale, avec les lois régulatrices de la médecine et de la pharmacie ; elle fait disparaître la contradiction formelle qui existait entre ces deux législations, contradiction qui embarrassait souvent l'action des autorités administratives et judiciaires ; enfin elle préserve le détenteur du brevet de plusieurs désagréments ultérieurs auxquels l'expose un brevet illégitimement pris, en même temps qu'elle épargne à l'autorité le devoir pénible de lui infliger ces désagréments. Ainsi, dans l'état actuel de la législation sur les brevets d'invention, ces brevets sont délivrés sans examen et sans responsabilité du gouvernement à quiconque en demande ; c'est à ses risques et périls qu'agit le breveté ; et déjà nous avons dit, que s'il a pris brevet pour une invention qui n'est pas réelle, le monopole de vente et de fabrication qu'il a cru s'assurer par son brevet lui sera avec succès contesté par tout le monde, et que c'est à perte qu'il aura fait la dépense de son brevet. Mais ce n'est pas tout :

L'article 9 de la loi du 25 mai 1791 sur les brevets d'invention, dit, et devait dire ; que si un brevet est pris pour objets que les tribunaux auraient jugés contraires *aux lois du royaume, à la sûreté publique et aux réglements de police*, le concessionnaire sera déchu de son droit, sans prétendre d'indemnité, sauf au ministère public à prendre, suivant l'importance des cas, telles conclusions qu'il appartiendra. Or, n'est-il pas évident que, d'après les lois actuelles sur l'exercice de la médecine et de la pharmacie, les brevets pour remèdes sont de ceux qui portent sur des objets illicites et prohibés, et au nombre de ceux dont l'administration devrait poursuivre la déchéance? Et s'il en est ainsi, n'est-il pas à la fois plus libéral et plus sincère, que le législateur reconnaisse de suite l'impossibilité d'appliquer la législation des brevets d'invention aux inventions pour remèdes, et institue la prohibition écrite au projet de loi? Si quelques uns pouvaient contester l'assimilation que je fais ici des brevets pour remèdes, à des brevets pris pour objets contraires aux lois, je les renverrais à la brochure de notre collègue: n'y a-t-il pas dit que la société n'avait rien à craindre d'un brevet délivré pour remèdes, puisque au-dessus des droits donnés par ce brevet restaient les articles 32 et 36 de la loi du 21 germinal an XI, et les défenses faites par ces articles d'*annoncer* et de *vendre* aucuns remèdes secrets? Or, n'est-ce pas dire, en d'autres termes, que les brevets pour remèdes sont de ceux qui appellent l'application de l'article 9 de la loi de 1791, c'est-à-dire la déchéance? Mais n'est-ce pas aussi ce qui m'a autorisé à dire que M. Caventou fournissait lui-même les plus fortes preuves de l'impossibilité de l'application des brevets aux remèdes, puisque le breveté ne peut en user, et que s'il en use, l'autorité devra le poursuivre?

Troisième objection. La prohibition instituée par le projet de loi viole le principe sur lequel reposait la loi de 1791, celui de ne faire aucun *examen préalable* de l'objet pour lequel le brevet était délivré. Refuser un brevet sur le motif que l'objet pour lequel on le demande est une *composition phamaceutique* ou un *remède spécifique*, n'est-ce pas avouer, en effet, qu'on a fait une *sorte d'examen* de l'objet, puisqu'on l'a jugé appartenir à la catégorie de ceux pour lesquels il ne pourra être pris de brevets?

Nous reconnaissons qu'introduire dans la loi sur les brevets d'invention une catégorie d'objets qui seront déclarés non susceptibles d'être brevetés, c'est s'écarter un peu du principe qui interdisait tout examen préalable; tandis que, avec ce principe, tout est aux risques et périls du breveté, qui ne peut s'en prendre qu'à lui s'il a pris brevet pour un objet contraire aux lois du royaume, et dont plus tard il sera déchu : avec la disposition des prohibitions déterminées par la loi, l'administration a la responsabilité du classement qu'elle fait de l'objet auquel elle refuse un brevet, et son refus pourrait être qualifié d'erreur, ou même de prévarication. Mais ceci est une question générale qui ne concerne pas seulement les prohibitions de brevets d'invention pour remèdes, mais qui s'applique à toutes les prohibitions quelconques. Cette question a déjà beaucoup occupé la Chambre des Pairs, et occupera certainement beaucoup la Chambre des Députés. Le Pouvoir Législatif recherchera lequel sera le plus avantageux pour la société : 1° ou d'instituer des prohibitions, qui sans doute frapperont d'une certaine responsabilité l'administration chargée d'en faire les applications, qui nécessiteront que des recours soient possibles contre les applications qui en seront faites, mais qui auraient l'avantage d'éviter toutes poursuites pour déchéance des brevets; 2° ou bien, au contraire, de n'instituer aucune prohibition, mais de mettre alors l'administration dans cette position délicate de ne pouvoir refuser la délivrance d'un brevet, même pris pour objet contraire aux lois, d'en recevoir le prix, et en même temps d'en poursuivre devant les tribunaux la déchéance. C'est probablement par le plus ou moins de difficultés que l'on trouvera à désigner les objets qui devront être prohibés, comme aussi en raison des chances plus ou moins grandes d'erreur dans lesquelles pourrait tomber l'administration en jugeant ces prohibitions, que se décideront les chambres sur l'un ou l'autre système. Ce sera encore selon qu'elles voudront rendre juges du fait, ou les tribunaux, comme cela était dans la loi de 1791, ou l'administration, comme cela serait dans le système des prohibitions écrites d'avance. Mais, encore une fois, tout ceci est une question générale, en dehors du point de police médicale qui nous occupe ici, et dont le résultat sera le même, quant à celui-ci, quelle que soit la solution des chambres. La prohibition écrite dans le projet de loi actuel sera-t-elle maintenue? Il ne sera plus pris de brevets d'invention pour remède. Cette prohibition, au contraire, sera-t-elle effacée par respect pour le principe d'aucun examen préalable? Comme le brevet aura été pris pour un objet que les lois ne permettent ni d'*annoncer* ni de *vendre*, le breveté ne pourra faire usage de son brevet, et il sera même obligatoire à l'Autorité d'en faire prononcer la déchéance, en vertu de l'article 9 précité.

Quatrième objection. Le mode de rémunération, que le décret du 18 avril 1810 assure aux inventeurs de compositions
pharmaceutiques et de remèdes spécifiques ; ce mode, par
lequel on remplace pour eux celui des brevets d'invention
dont jouissent tous les autres inventeurs, est un véritable
leurre. Jamais il n'a été appliqué ; jamais ministre n'a, con-
formément à ce décret, fait l'acquisition d'un remède inventé. Et, en effet, comment espérer qu'un inventeur tombe
jamais d'accord avec un ministre sur le prix de son invention ?
Cet inventeur ne sera-t-il pas toujours enclin à demander un
prix exagéré ? On pourrait en citer de nombreux exemples.
Le plus souvent le ministre, faute de fonds, se borne à autoriser l'inventeur à vendre son remède, et contrevient lui-
même au décret de 1810, qui veut que le remède soit
acheté et aussitôt *rendu public.* L'exécution de ce décret
aboutirait tout au plus, dans les cas où le remède serait
jugé *nouveau et bon*, à une demande aux Chambres de la
somme destinée à l'acquisition du remède ; et que ferait-on,
si les Chambres refusaient la somme demandée ? Ce décret
de 1810 est un *vrai coup de sabre* impérial donné à la législation des brevets d'invention. Il vaut mieux revenir à l'entière
liberté qu'avait fondée cette législation ; c'est-à-dire laisser
prendre à l'inventeur d'un remède un brevet qui lui donnera
un droit de *propriété temporaire*, dont il jouira par une *vente
légale*, si son invention est bonne ; mais dont la *législation
actuelle bien appliquée* fera bonne et prompte justice, si son
invention est *mensongère* ou *mauvaise.*

Voilà la quatrième objection de notre collègue. Je n'ai af-
faibli aucun des objets divers dont elle se compose, et je vais
répondre à chacun d'eux.

D'abord, il n'est pas exact de dire qu'on n'a jamais appliqué le mode de rémunération du décret du 18 août 1810.
Sur le rapport des deux premières commissions médicales
chargées dans l'origine de l'examen des remèdes inventés,
Hallé a fait accorder 48,000 fr. au remède de Pradier contre
la goutte, et ce remède fut aussitôt rendu public. Depuis
vingt-quatre ans que l'Académie est instituée et chargée de

ce service, sur plus de 1,500 remèdes qu'elle a eus à examiner, elle n'en a approuvé que 3 ou 4 : le taffetas épispastique des frères Mauvage, les biscuits antisyphilitiques du docteur Ollivier, la poudre de Sancy contre le goître, etc., et toutes les récompenses pécuniaires qu'en exécution du décret elle avait indiquées pour l'acquisition de ces remèdes, ont été données à leurs inventeurs, et les remèdes ont été aussitôt rendus publics.

Si, dans certains cas, le ministre n'a pas acheté, et par suite n'a pas rendu public le remède ; si, dans ces cas, il s'est borné à autoriser l'inventeur à le vendre, c'est un abus contre lequel il faut s'élever, et dont il faut prévenir le renouvellement. Et encore ce mode a-t-il moins d'inconvénients que celui des brevets d'invention : avec lui, le remède a été *examiné*, et reconnu *nouveau* et *bon ;* tandis qu'avec le mode des brevets d'invention, le breveté est seul juge de la *vérité* et du *mérite* de ce qu'il annonce.

Notre collègue appuie sur l'impossibilité dans laquelle seront l'inventeur et le ministre de s'entendre sur le prix à donner au remède ; mais il doit savoir que le décret a résolu cette difficulté. Il a chargé le Corps Médical qui examine le remède et qui doit, s'il le juge *nouveau* et *bon*, en proposer l'acquisition, de fixer en même temps, d'après sa conscience et ses lumières, le prix qui doit en être donné. Ce corps médical, à qui est donné un si grand pouvoir, n'est-il pas pris parmi les pairs de l'inventeur? N'est-il pas composé des hommes les plus compétents et les plus aptes à bien apprécier la difficulté de l'invention et son importance pour la société? Le rapporteur du projet de loi à la Chambre a assimilé ce qui se fait ici à une *expropriation* pour cause d'utilité publique. L'intérêt public veut, en effet, que la découverte d'un remède nouveau et utile soit aussitôt rendue publique, et puisse servir à tous. Or, on achète l'invention, comme dans les cas d'*expropriation* on achète la propriété ; et de même que c'est un jury de propriétaires qui décide souverainement entre les offres de l'administration qui exproprie et les prétentions du propriétaire exproprié ; de même c'est un corps composé de pharmaciens et de médecins qui fixe le prix de l'acquisition du remède. N'est-ce pas faire pour le *droit d'invention* ce qu'on fait pour le *droit de propriété* ?

Oui, sans doute, l'exécution du décret de 1810 peut aboutir à une demande de fonds aux Chambres, si le remède est jugé *nouveau* et *bon*, et à ce double titre digne d'être acheté. Mais quel mal trouver à cela ? N'est-ce pas la conséquence forcée et heureuse de notre forme de gouvernement, qui veut que le Parlement intervienne pour l'emploi de tous les fonds publics ? Le remède à acheter sera-t-il d'un faible prix, le gouvernement pourra y satisfaire avec ce qui est porté au budget pour les encouragements à donner aux sciences et aux arts. Ce remède est-il d'un plus haut prix, le ministère présentera une loi spéciale, et les Chambres, selon qu'elles jugeront ou non l'acquisition juste et utile, adopteront ou rejetteront la loi. Nous ne doutons pas qu'en pareille matière la décision des Chambres ne soit toujours libérale et éclairée. Les encouragements qu'elles ne refusent jamais aux arts, aux sciences et aux lettres; les pensions rémunératrices qu'elles accordent à tous ceux qui ont bien servi le pays, en sont un garant pour nous. Elles ont accordé une récompense à l'invention du daguerréotype; pourraient-elles refuser des acquisitions qui sont ordonnées par la loi ?

C'est avec douleur que nous avons vu M. Caventou stigmatiser la mémoire d'un des plus grands hommes de la France, en qualifiant de *coup de sabre impérial* donné à la législation le décret du 18 août 1810. Est-ce bien à *Napoléon*, soit Consul, soit Empereur, qu'on peut faire le reproche d'avoir été sans libéralité, sans appréciation intelligente de tous les besoins et intérêts sociaux, dans les diverses législations tant générales que spéciales dont son gouvernement a doté la France ? Est-ce donc acte d'illibéralité et de despotisme que d'avoir substitué, au système d'un brevet délivré sans examen, n'offrant aucune garantie, n'ayant que celle de l'intéressé qui a pris ce brevet et en use, un autre système où le remède est examiné par les juges les plus compétents et les plus consciencieux, où il n'est présenté au public qu'avec la garantie de sa nouveauté et de sa bonté; un système enfin qui, repoussant les faux remèdes, fait aussitôt jouir le public des remèdes nouveaux et bons, et donne à l'inventeur une rémunération proportionnée à la peine que lui a causée son invention, et à l'utilité dont doit être celle-ci pour la société. Ce décret, du reste, existait dans les édits de police médicale antérieurs à notre révolution; il remonte à Louis XIV, et *Napoléon* n'a fait qu'instituer les formes d'exécution.

Je viens de répondre d'une manière victorieuse, je crois, à chacune des parties de la quatrième objection de notre collègue, et c'est vous faire pressentir que je ne puis adopter sa conclusion. Cette conclusion est de revenir à l'entière liberté qu'avait fondée la loi des brevets d'invention. Mais que M. Caventou me permette de lui faire observer qu'ici il revient à la confusion qu'il avait déjà faite de la loi des brevets d'invention et des lois régulatrices de la médecine et de la pharmacie. D'une part il en appelle à la liberté entière qui résulte de la première, et cependant il a reconnu que le droit donné par le brevet devait être primé par les lois régulatrices de la médecine et de la pharmacie. D'autre part il dit que selon que l'invention sera *bonne,* ou *mensongère* et *mauvaise,* au premier cas le breveté jouira par une *vente légale* de son remède, et que dans le deuxième cas il sera fait de son brevet *bonne et prompte justice.* Mais si le brevet ne dispense pas de rechercher si l'invention est bonne ou mauvaise, à quoi sert de l'avoir pris? Et ensuite qui fera l'examen du remède pour savoir si l'invention est bonne ou mauvaise, si ce n'est le corps médical institué pour l'exécution du décret du 18 août, et agissant dans les formes prescrites par ce décret. Enfin qu'entend notre collègue par cette *vente légale* dont jouirait le breveté d'un remède reconnu nouveau et bon? Au moins fallait-il dire en quoi il la fait consister, et si cette vente serait autre chose que celle qui est instituée par les lois actuelles. La conclusion définitive de M. Caventou justifie donc encore ce que j'ai déjà exprimé, savoir, qu'il fournit lui-même les meilleures preuves que la législation des brevets d'invention ne peut s'appliquer aux remèdes, et qu'il est nécessaire que le législateur proclame cette impossibilité.

Messieurs, de cette discussion à laquelle je viens de me livrer sur le décret du 18 août 1810, je ne prétends pas, du reste, conclure que ce décret est aussi parfait qu'il peut être, et qu'il n'y a pas possibilité d'introduire en ce décret quelques améliorations et des dispositions qui assureront davantage la jouissance des inventeurs de remèdes. Ce que j'ai voulu surtout établir, c'est l'impossibilité de satisfaire aux droits de ces inventeurs, par la forme des *brevets d'invention*; par conséquent la convenance de la prohibition écrite dans le projet de loi; et j'ose dire que nous émettons, M. Caventou et moi, mais en des termes différents, la même opinion. Suivant moi, les lois régulatrices de la pharmacie et de la médecine, qui soumettent à certaines règles l'*annonce* et la *vente* des *remèdes*, sont en opposition formelle avec la législation des brevets d'invention, qui accorde la liberté entière relativement à la fabrication et à la vente des objets brevetés. Cette opposition est telle qu'il est du devoir rigoureux de l'administration de poursuivre aussitôt la déchéance d'un brevet pris pour remède, en vertu de l'article 9 de la loi du 25 mai 1791. Conséquemment il y a plus de libéralité et de dignité à dire aussitôt dans la loi qu'il ne pourra plus être pris brevet pour compositions pharmaceutiques et remèdes. Selon M. Caventou, au contraire, il faut laisser le droit à l'inventeur d'un remède de prendre brevet pour ce remède; mais avec la restriction que ce brevet ne lui donnera pas le droit d'*exploiter*, c'est-à-dire de tirer bénéfice de ce remède; que relativement à l'*annonce* et à la *vente* de ce remède il restera sous l'empire des lois de la pharmacie et de la médecine. Or, j'en fais juge M. Caventou lui-même, n'est-ce pas dire, en d'autres termes, la même chose que moi? car c'est annuler l'effet du brevet, c'est réduire ce brevet à zéro.

Il importe beaucoup de ne pas confondre les inventions de *composés chimiques* avec celles de *compositions pharmaceutiques* et de *remèdes spécifiques*; et si la disposition prohibitive du projet de loi eût employé les mots de *compositions chimiques* au lieu de ceux de *compositions pharmaceutiques*, comme notre collègue, j'aurais réclamé contre cette prohi-

bition. On arrive à la découverte de nouveaux corps chimiques par le seul secours de la chimie; ce nom de *composition chimique* n'entraîne pas avec lui l'idée d'une application à l'organisation de l'homme; un *composé chimique* peut ne pas être une *composition pharmaceutique*; et nul doute que la prohibition votée par la Chambre des Pairs ne doive pas être applicable à la découverte d'un nouveau corps de ce genre, quelque usage qu'on puisse en faire plus tard, soit dans les arts, soit même en médecine et dans la pharmacie. Mais il en est autrement des *compositions pharmaceutiques et des remèdes spécifiques*; il y a sans doute pour eux aussi œuvre de chimie, opération manuelle de pharmacien; mais il y a de plus application du composé à l'homme, soit en santé, soit en maladie; il y a appréciation de l'action exercée par ce corps sur l'économie de l'homme; il y a œuvre de médecin, et, j'ose le dire, cette œuvre est, au point de vue social de la santé publique, la chose principale. Or, c'est là ce que la loi a voulu et dû réglementer : tant que le corps inventé n'est qu'un *composé chimique*, il ne tombe pas sous la règle de la prohibition; mais dès que ce composé chimique devient une *composition pharmaceutique*, un *médicament*, un *remède*, il devient passible de la prohibition, parce que la santé publique exige que nul remède ne puisse être *prescrit* que par les médecins, ne puisse être *préparé* que par les pharmaciens d'après les formules officinales du codex ou magistrales des médecins; et qu'enfin nulle découverte de ce genre ne puisse être vendue au public qu'après avoir été examinée et reconnue réelle et bonne.

En résumé c'est à tort, selon moi, que notre collègue a dit, *injuste*, *violation d'un droit*, *inutile* la prohibition qu'a votée la Chambre des Pairs. Elle n'est pas *injuste*, car elle laisse entier le *droit* d'invention pour remède et la *jouissance* de ce droit. Elle n'est la *violation d'aucun droit*, puisqu'elle reconnaît ce droit et y satisfait. Elle n'est pas *inutile*, puisqu'elle fait cesser l'un des moyens dont use le plus le charlatanisme pour éluder les prévisions législatives instituées pour le salut de la santé publique. J'ajouterai que je crois cette prohibition *nécessaire* pour mettre en harmonie des législations qui se contredisent, et avertir ceux qui prennent de bonne foi des brevets pour remèdes que, de l'aveu même de notre collègue, leurs brevets ne leur donnent aucun droit d'annonce et de vente, et que l'administration *peut*, que dis-je, peut? *doit* en poursuivre la déchéance.

Messieurs, je vous rappellerai en finissant que la doctrine que je défends ici est celle qu'a toujours exprimée à plusieurs reprises, dans des réclamations directes et énergiques, l'Académie royale de médecine. C'est elle qui, consultée sur un précédent projet de loi des brevets d'invention, y avait fait insérer la prohibition contre laquelle M. Caventou réclame. Or, quel corps est plus compétent sur la question dont il s'agit ici que l'Académie, chargée depuis vingt-quatre ans de l'examen de toutes les inventions en fait de *compositions pharmaceutiques et de remèdes spécifiques?* Que lui a montré cet examen portant sur plus de 1,500 prétendues inventions, sinon, pour la presque universalité des cas, une suite de préparations soit absurdes, soit mensongères, et présentées dans la vue d'un charlatanisme déhonté? Parmi cette foule de médicaments brevetés, combien peu constituent une invention véritablement utile et digne de rémunération! et combien, au contraire, est grand le nombre de ceux qui font la honte et le déshonneur de notre profession! Avec la prohibition, le mal est en grande partie prévenu, sans empêcher qu'on profite du bien. Sans la prohibition, il y a nécessité de continuelles et incessantes poursuites contre les brevetés pour remèdes, si l'on veut maintenir les lois régulatrices de la médecine et de la pharmacie.

J'ai désiré, par ce travail, ramener à l'opinion de l'Académie et à la mienne, un homme aussi éminent que M. Caventou, et qui occupe moralement et scientifiquement un des premiers rangs dans notre Compagnie. Je crois avoir prouvé qu'au fond notre pensée est la même, et que nous ne différons que sur les moyens d'exécution; c'est à l'Académie à prononcer.

Nota. Après une discussion à laquelle ont pris part plusieurs membres de l'Académie, et M. Caventou lui-même, l'Académie a par deux votes successifs décidé à la presque unanimité que son opinion était toujours qu'*il ne doit pas être pris de brevets d'invention pour compositions pharmaceutiques et remèdes spécifiques*; que le mémoire de M. Adelon serait immédiatement imprimé, porté par son bureau à M. le ministre de l'agriculture et du commerce, et que le ministre serait prié d'appuyer l'*article 5 du titre I*, tel qu'il est formulé au projet de loi.

www.ingramcontent.com/pod-product-compliance
Lightning Source LLC
Chambersburg PA
CBHW070748280326
41934CB00011B/2846